Al otro lado del fuego

Martza J. Carmiol

Illustrations by
Benjamín Carmiol
Emma Carmiol

Para realizar pedidos de este libro, contacte con:
Xlibris
1-888-795-4274
www.Xlibris.com
Orders@Xlibris.com

ISBN: Tapa Blanda   978-1-7960-6770-5
       Libro Electrónico   978-1-7960-6771-2

Información de la imprenta disponible
en la última página.

Fecha de revisión: 10/26/2019

A mi Dios, el Dios de mis padres, de Abraham y de Jacob. A Costa Rica, Cristo Rey y mi amado Liceo del Sur, lugares que me vieron crecer y proveyeron las bases de mi educación y mis principios. A mis abuelitos y espíritus guía: Don Maximiliano Carmiol y Doña Mina Sibaja . A mi madre: Valentina Yalico, pilar de la mujer, madre y trabajadora que soy. A nuestra coalición: Santiago, Miguel, Emma y Benjamín (Pollo), cimiento de mi familia y centro de mi alma. A mi mentor, amigo, consejero, confidente, padre y abuelo por excelencia: Danilo Carmiol. A mis amigos y amigas, en especial a Julio Ramirez, que no conoce condiciones y a Dione, que fue mi lectora desde niñas. A mi cómplice y colega Nephtalí y a Inés, compañera en todo y editora de confianza. También a mi ex-suegra Delores y a su hijo: gracias por echarnos de una casa y lanzarnos a este mundo lleno de maravillas. Sus propósitos eran muy estrechos para nuestro potencial. Gracias de todo corazón. Y para vos, Carl.

Este libro fue concebido a lo largo de un período muy difícil, donde confluyeron el abandono, la distancia, la soledad, la necesidad, el desamor y la decepción.

Todos estos elementos, no obstante, fueron el combustible para que no sólo surgiera en un país extranjero como madre soltera de cuatro hijos, sino que mi urgencia por la poesía se viera más estimulada como forma de catarsis.

Después de cuatro años de embarazos consecutivos y continua violencia doméstica, financiera y psicológica, mi hijo mayor y yo fuimos echados a la calle sin recursos y sin saber qué hacer. Me arrancaron de mis tres hijos pequeños. A este incidente, le siguieron muchas otras coacciones y chantajes para provocar la separación definitiva entre mis tres hijos pequeños y yo, forzándome con todos los métodos posibles para que regresáramos Costa Rica y no volviéramos nunca más.

Contra los pronósticos y a través de mucho esfuerzo logramos levantarnos y hallar tierra firme, en una ciudad que al principio se nos hizo rígida e injusta, pero luego nos abrió los brazos como madre generosa. Fuimos capaces de estar en conformidad con los requisitos descabellados y casi imposibles que se me exigieron para mantenerme cerca de mis hijos. En este raudal de emociones conflictivas, más que nunca acudí a mi herramienta de siempre para exorcizar esta continua conversación interna.

Aquí hallarán la alabanza, el amor, el agradecimiento, la desesperación, el llanto y la desolación del corazón humano dibujado con palabras, con la intención superior de que muchas personas puedan identificarse con él y encontrar algún refugio o compañía, pues el sufrimiento humano es al fin de cuentas algo que todos compartimos.

Octubre 2019, San Antonio Texas.

Martza J. Carmiol

Ilustraciones de Benjamín y Emma Carmiol

Contents

Cuchillo

¿Quién pone a una mujer que llora por entregarse
al cuello un cuchillo?
Sólo el hombre fugaz que siempre quiso ser hombre
y no pudo conseguirlo.
¿Quién desdeña el vientre santo de quién le ha parido hijos?
Sólo el hombre escaso
que quiso abrazar el mundo y le fue pequeño el abrazo.
¿Quién desprecia el amor intenso de una mujer que piensa?
Sólo un hombre inseguro, temeroso de sí mismo;
por no saberse descifrar, infringe en ella el castigo.

Cruces

Una nube de murciélagos me ha aclarado la vista:
Ya no te veo igual.
No eres el árbol sin sombra de medio día
al que yo corría y abrazaba
y juraba a las cruces que eras el resto de mi vida.
Pájaros negros que escarban las llagas adormecidas
bajo el árbol que proyecta una sombra bienvenida;
ya ni siquiera te veo.
Ahora es mío el resto de mi vida.

gris y apagada

Noches de luna.

Me adelanto al duende y conjuro a la bruja.

Entre la tierra en grietas y el cielo púrpura

veo el milagro venir a mí.

No me sorprendo, sé lo que he esperado:

esta noche lo imposible, lo inalcanzable y hasta lo soñado

se revuelven en mi regazo a gritos rogando:

"escógeme, escógeme".

Noches claras.

La esperanza dura para siempre,

puertas secretas en el alba.

Los dioses del jamás conceden rezos

más allá de los afanes de la providencia.

Deseos cumplidos debajo de la manga

aún cuando luzco enemiga y conquistada.

Luces persistentes al anverso del mañana:

soy gris y apagada.

Fe de mí

Evidencia del ser:

la respiración, la sensación, el sentimiento.

El derecho a la voz:

esta soy; éste, mi espacio.

Estoy a pesar del verdugo y además de los años.

A pesar del engaño y el pronóstico, soy.

Tal Cristo me expongo: vengan, incrédulos,

toquen mis heridas: ¡he resucitado!

Soy prueba de vida.

Doy fe de mí.

La que cambia cada día.

Mis instintos forasteros,

esos sueños sin sosiego,

el alcance superior más allá del duelo.

Esta historia que digo de memoria;

fantasmas más peligrosos que en vida.

Mi historia,

lo profundo de mis heridas,

el protagonismo infame que refuerzo ante todos

para hacer valer mi día,

para saberme importante.

Mi historia es traidora y vengativa.

Me pone el antifaz de sonrisa

cuando aun sigo vencida.

Sola (c)

Con el olor a maderas crudas
que dejaste para siempre en mí,
esas noches que en tus maderas crudas
me crucificaste cuerpo a cuerpo.
Pero el destino es sabio
y con el tiempo
una aprende a vivir, crucificada y todo.

Alas

Con lo mucho que te espero
en las noches más heladas,
-cronos me clavó las alas-,
con la idea malherida
y los sentidos en blanco,
con lo mucho que te espero
y sólo viene el aura, sólo viene el sol.
Con pómulos temblorosos
y las manos asustadas,
con el vacío pesado
y tantos años en la espalda.
Con un ramo en las flores
como novia derrotada.
Con lo mucho que te espero
y sólo viene el búho nostálgico
de mi ventana.

Mi tristeza

Me comprometen en la mirada los destellos,
me delata la melancolía en la piel.
Son las primicias de la muerte,
he llegado primero a la soledad.
Ahí he esperado por segunda vez
una primera vez más.
El tiempo de mí retiene las azucenas,
la leche fresca y los cabellos al sol.
He llegado primero,
gané la carrera de la desgracia
y alcancé a la meta sin contrincante
a recoger los trozos de mi tristeza.
¿Qué sería de mí sin mi tristeza?
Una manita huérfana de hijos,
una niebla a media noche,
la cáscara de la serpiente,
el vacío entre latido y latido;
eso seré.
La canción que aún muriendo canta,
el color de la flor agradecida
y condenada a marchitarse,
pues he hallado en la soledad de morirse
el significado de estar viva.

Purgatorio (a Santiago, mi primogénito)

¿Cuál será mi último pensamiento?

Vos, amado.

Carne en sombra,

fracción de mi tamaño, por ahora.

Hábil, colorido,

de pestañas tupidas enmarcando dos preguntas.

¿Cómo te respondo?

Corazón a corazón;

no hallo otra forma.

Todo se nos ha derrumbado.

He entrado al purgatorio agarrando tu manita.

Vos tenés miedo y lo decís,

vos querés saber por qué.

Yo sólo te ofrezco el corazón,

no hallo otra forma.

Tengo miedo y no lo digo,

¡también quiero saber por qué!

Voy por lo oscuro apuñalando apariciones,

salvándonos de los gigantes

y esquivando tiburones.

Soy tu escudo y no lo sé, y vos tampoco.

Sembrás una semilla

que germina florida de razones para yo vivir:

¡qué injusto!

Súper poder

Mi súper poder está en mis alas.
Cuando me las cortaron
pensé que jamás volverían a crecer.
Mi súper poder es subir la cuesta
con una carga que me dobla el peso;
encontrar la risa en lo horrendo,
ser carente de expectativas
y dejar el miedo hacer su magia.
Mi súper poder me lo otorgó Dios
al concebir cuatro veces
y tener cuatro veces el mejor día de mi vida.
Es mi capacidad de amar
más allá de lo aparente,
hacer nacer girasoles

de entre piedras acusadoras.

Mi súper poder es dejar el rencor

para cuando sobre el tiempo.

Es presentar mis ideas

y ejercer mi derecho a la voz.

Mi súper poder es el verso,

el esfuerzo honesto

y los brazos siempre abiertos.

La milla extra, aprender pronto,

creer en mi luz interna.

Confiar en el instinto, amar la vida,

dejar el sufrimiento para cuando sobre el tiempo.

Mi súper poder está en mis alas:

quién las mutiló tampoco pensó que volverían a crecer.

Línea plateada (c)

¿Olvidarás acaso
Los días que sofocados e imprudentes
nos dimos al abrazo
del adolescente cuando al oído nos gritaba
hazlo, hazlo"?
Yo los llevo incrustados como bala,
como espina encarnada.
¿Olvidarás?
¿Fueron sólo para mí aquellas horas
de compañía entera
y de presencia total?
Para mí serán la golondrina feliz
de mis momentos azules,
la línea plateada
al final de la nube gris.

Contante y sonante

Él me amaba en blanco y negro,

puesta en un desierto sin guitarras.

Él me amaba a su manera:

contante y sonante y sin decir nada.

De mí amaba todo lo tangible

excepto mis ojos si lloraban.

Sacudió mi entraña hasta dejarla estéril.

Exprimió de mí frutos que arrancó,

los conservó para sí,

pues me amaba como a un árbol,

y fui árbol cortado pues ya no tenía qué ofrecer.

¿Y qué seré yo después de todo

ahora que sin raíces yazgo?

¿Habrá algún leñador que use mis ramas

para quemarlas?

¿Qué es la mujer en el mundo

sino un objeto para amar?

¿Qué es la mujer en el mundo

cuando ya no hay nadie para amarla?

Seis de la mañana

Las brujas vienen por nosotros a las seis de la mañana.

Maldita hora del infierno

cuando todos los vampiros puntuales

penetran los vacíos del cuerpo.

A las seis de la mañana corre sangre,

ruedan cabezas.

Alzan pájaros voraces un vuelo sin sonidos.

Es la hora del verdugo,

del niño que llama a su madre.

A las seis de la mañana

hay un lecho que se transforma en sepulcro

y atrapa al durmiente en pesadilla de metales.

Aquí morimos todas las mañanas

y ninguna vez es por amor.

Son las seis de la mañana

cuando ni tiempo tuvimos de cortar la sexta flor.

Santa Vida (a mi Ardilla y a mi Loco)

Las ansias del tiempo no son de muerte,
son de vidas pasadas,
Del tormento del camino.
Son mansiones de hielo
que no se atinan con el paso de los años.
Temores infundados
que se vuelven esqueletos
cubiertos por sábanas.
Ardillas que perecen,
locos que se matan.
Voces mudas que atosigan la memoria:
el nudo del dolor
al perder a quien se ama.
Ave Santa Vida
con su fluir torrentoso, tormentoso.
Intenso como el grito de las rositas,
cierto como la profecía de un Loco.
Infalible como ella misma.

Mares internos (c)

Si me mirás,

ruido de huesos cae sobre mi cabeza,

y aunque cierre los ojos

los tormentosos demonios

lloran por hablar con vos.

Perdida en el bosque,

con el gemir del lobo a cuestas,

busco la luna entre ramas

para constatar que aún me recuerdas.

Hay mares internos de fondo tremendo,

huracanes que tragué en el vientre de mi madre

y ahora viven en mi vientre.

Vivo con tu perfil de frente,

siempre andando sobre vestigios de ponzoña

y aullando tu nombre

en los escondites de mi médula.

Deuda (c)

Los vengadores del placer vinieron

para cobrar justicia,

y bajo su mesa me escondo sin querer ser vista.

Debo tanto que ni todo el dinero

podría cubrir mi codicia.

He robado, lo confieso,

pero a mi favor les declaro que lo quería;

lo quería como la lluvia de mayo,

como la sabana florida.

Lo tuve tan poco en mi lecho

que castigo es suficiente su ausencia.

No sé si acudir a los trucos de siempre,

abrirme las venas y sangrarlo…

tal vez con sangre nueva pueda olvidarlo.

Regreso (c)

Podría enviarte figuras de nube
que en desfile te apronten a casa.
Una estación de palomas
cuyo canto suene a mi nombre
y así me recuerdes
y sientas la urgencia del regreso.
Un ángel negro que en tus sueños
al oído te susurre imágenes nuestras,
y despiertes con la boca seca
y la billetera perdida.
Podría.
Podría marcarte huellas discretas
con imanes al espíritu
que te recojan sin darte cuenta
hasta dejarte en mi puerta.

Enviarte una ventisca

que nuestras iniciales pinten

en los ventanales náufragos,

y te sean los hermosos ojos abiertos

y corras sin mirar atrás,

y vuelvas a mí con el último pergamino

de las más bellas profecías

del resto de nuestras vidas.

Podría, pero no.

Así de lejos, herida y resignada

tengo fe en ti, en tu corazón.

En tu mundo rígido y triste

encontrarás nuestras respuestas.

Lo de en cierne (c)

Si no me llamas nunca más
me pudriré en la puerta con el rosario en la mano,
delirando mis ojos con auroras que nunca fueron mías.
Vendrá la vejez poco a poco.
Un poco más cansada cada día
saldré al camino rogando verte entre las cenizas,
perdido, con hambre, soñando con volver a casa.
Si no vuelvo a saber de ti,
un hoyo negro me tragará el palpitar.
Será mi pecho un esternón vacío
lleno de telarañas y serpientes,
moluscos y aguas estancadas.
Ya no sentiré nada.
Bajo mi piel curtida se dormirán los nervios,

seca la lengua y pegada al paladar

ya no podrá hablar ni decir más versos.

Seré la momia viviente,

muerta de tanto abandono,

viva de pura esperanza.

No tientes a lo de en cierne pues la vida pasa,

y nos deja tan despojados como vinimos.

No querrás matarme:

no podrás matar un fantasma.

Si no vienes a mí,

echaré raíces sentada en la puerta y me volveré invisible.

Y si vienes muy tarde,

cuando no haya más qué hacer,

me encontrarás despojada

y tendrás la falsa ilusión de que nunca me quisiste.

Rosa (a Emma)

La mermelada rosa,
la rosa del suspiro.
Como la rosa azul que muere al nacer
y muriendo agradece su existencia de instante.
La rosa que como lágrima sobre la cabeza cae
mientras besamos la cruz.
El momento rosa de la infancia,
rosa la calle de la inocencia perdida,
nube rosa, igual pero distinta,
de las auroras rosas que se observan
tan sólo sin compañía.
Sueños rosa,
rosa las mejillas mancebas
de la niña enamorada.
Niña rosa de mis entrañas,
flor rebosante de sorpresa.
Botones apretados de rosas
cantando de primavera.

A mis cuatro

No me enseñen a ser madre

ni mi método se menosprecie.

En país extranjero me han cerrado la puerta,

vine de mi hogar para ser pordiosera.

De las cloacas he surgido a bofetadas

con un corazón y dos manos vacías.

Me hice otra vez, me construí sola,

moldeé el barro yo misma,

me esculpí de rodillas

para pedirle al Señor un segundo soplo de vida.

Con la cara sucia pero alta la frente

y con la fe tan ciega como arraigada

a mis cuatro he bien amado,

y confieso que por ellos he luchado, matado,

odiado y llorado con la extensión de mi alma

y con las mejores intenciones.

Soy su escudo, su refugio, su proveedor y héroe.

No me enseñen a ser mujer,

ni mi método se invalide.

Lo soy a mi modo, y como mejor me plazca.

Soy mujer en todas partes, más mujer que nunca:

en la barra de la cantina,

en el lecho del amante,

en las noches brutales y los amaneceres benditos.

Con corbata y en botas,

con falda y altos los tacones.

Con una cerveza en la mano,

o el pan sagrado en los labios.

He comulgado con el terror intenso,

con el amor perdido y el imposible;

de amor he muerto,

– de amor también se muere una–

pues los terroristas del alma existen.

De mi voluntad de acero y mi intención honesta

hicieron mercado y fiesta

los que de mí se burlaron.

¿Los habré incomodado

por ser yo a la libre y vivirme contenta?

Mis defectos son más que miles;

mis errores, intencionales.

Ejerzo la maldad como cualquier mortal,

y también sé de compasión y entrega.

No, no me enseñen a superarme.

Yo soy mi asunto y mi problema.

Mi trofeo y mi castigo.

Descubrirme es mi más alta meta

y saber quién soy la respuesta más urgente.

He aprendido de la gente más que en la academia

y de recorrer lugares, todos tan diferentes,

comprendo que del sufrimiento humano

no escapa nadie, mucho menos las mujeres,

y compartimos todos, del opulento al insignificante,

mismos temores de niños,

y también mismos finales.

A la duda (c)

Ahora entiendo el silencio,

el universo paralelo que siempre presagiaste.

Comprendo ya

que no hay puntos de intersección

y sólo nos queda mirarnos por binoculares

desde los vidrios caleidoscópicos de nuestros mundos.

Yo sé que podría quebrarlo, éste, mi mundo.

Lo he dado a quebrar tantas veces

que quizá valdría la pena hacerlo una vez más.

Pero con mi mundo quebrado y el tuyo sin abrir la puerta,

me quedaría sin oxígeno:

cadáver flotando por los confines del cosmos.

¿Existiría peor soledad?

Como verás, el quizá nos ha atrapado

y es la gravedad que no podemos desafiar.

El quizá nos detiene, nos desencuentra, nos maldice.

Le hemos dejado todo el peso de nuestro amor

a la duda…

Con binoculares y desde el mundo mío,

te veo en el mundo tuyo con tus binoculares.

Nos vemos desde lo lejos y directo

en realidades que hemos bautizado imposibles,

los labios temblorosos y lágrimas escurriendo.

¡Saltemos al mismo tiempo!

¡Creemos el mundo nuestro!

Y si por fuerzas universales no lo lográramos,

nos tomaremos de la mano para no ser uno,

sino dos cadáveres flotando en los confines del cosmos.

¿Existiría mejor forma de morir?

Mascarada

Me levanto, escojo el rostro de hoy
y me lavo la muerte de las manos.
Intento una sonrisa triste:
recibo la tristeza sin enseñar los puños.
Reconozco la verde vida del césped,
la existencia en la brisa y en los sollozos del temporal.
Me quito los zapatos con los pies adentro
y ante mis ojos desnudo un silencio de carne
que huele a existencia.
No sé cómo llegué aquí, pero aquí estoy.
La vida no pasará de mí,
ni la muerte acabará
con todo el universo que se mueve por dentro.
Me acuesto.
los efectos del teatro
van adelgazando las algas murientes del cerebro.
Me quito el disfraz y el rostro:
¡Hay tantos sombreros!
Busco el de mañana:
la función empezará temprano.

Gaviotas

Esos días que una amanece vieja,
anciana, sorda de apellido,
con la piel tostada, insensible.
Esos días cuando se galopa
en los caballos vencidos de invierno
y una quisiera querer a alguien
pero no hay energía para hacerlo.
Días de leche sin miel,
de holocaustos generosos.
Donde el vino cada vez sabe mejor,
y menor es la capacidad del gusto.
Esos días que una no debería vivir
por pura dignidad,
para no malgastar la vida.
Por el cielo pasa una bandada
de gaviotas malheridas
cuya sustancia sólo refleja el mar.

Bendita (c)

Te doy mi virginidad:

lo que jamás entregué por celos, por miedo.

la niña con alas

que con rosadas mejillas

todavía aparea en los muros

iniciales y corazones.

El instante del alma mía

que cree en la vida

sin pedir explicaciones.

Me daré a ti intacta:

esos néctares míos, eternos,

que serán sólo tuyos y sólo existen una vez,

cada vez más brillantes,

cada vez más nuevos.

Los atrios que no han pulsado sangre amarga

ni las arterias que conozcan cicuta.

El llanto milenario de cada mujer que ama,

que yo, sin prisa, he guardado en mi seno.

Será la primera vez que diga un te quiero para ti

que incluya al mundo entero.

Será la primera que confiaré en unas manos

el tesoro de mi corazón jamás sospechado

que nadie intentó reclamar.

miel de luna (c)

Por tenerte conmigo no lo daría todo,
pero daría mucho.
La sed de mis poros,
la obsesión del pensamiento,
la fidelidad de la memoria,
Mis caricias en viento.
Por ganar tu amor
convertiría mi casa
en el lugar de tus sueños,
no te negaría amores,
haría brotar flores de mis dedos.
Me acercaría a tu cuerpo para mostrarte
caminos hacia horizontes nuevos,
y nuestra cama sería una haz de celajes
desde donde ver el universo entero.
Las lágrimas serían ímpetu y afecto,
y nuestra devoción y fidelidad
sacudirían de tu alma
cualquier mal encuentro.
Nuevas serían todas las mañanas:
seríamos dos sombras perennes,
felices de proyectarse juntas en las paredes,
fascinadas de estar acostumbradas.
Mis besos serán para ti,
también mis años.

Los triunfos serán mutuos y dedicados.

Fluctuaremos de verano a primavera,

de vez en cuando un invierno.

Bailaremos por la casa,

desnudos si no place.

Nos embriagaremos del mismo vaso,

rezaremos al mismo Dios,

caminaremos al mismo paso,

y nos perdonaremos sin necesidad de pedirlo.

Usaremos los mismos lentes,

acercaré mis pies a los tuyos,

tú me acercarás tus labios.

La miel será de luna y constante:

fluctuaremos del amor al amor,

de la mañana a la noche

y de vez en cuando a la tarde.

No podremos renunciar a nuestra presencia,

a nuestro instinto y olor.

Envejeceremos repitiendo nuestros nombres

como recién casados.

Moriremos con nuestros nombres en los labios

y tomados de la mano,

después de hacer de nuestra vida

el más grande despilfarro.

Antes de morir (c)

Te dejaré la dignidad arrastrada de mis pies
mientras bajaba las gradas
en actitud suplicante.
Mi certeza es total en mi esfuerzo de evitarte,
mi convicción es inamovible en que me perteneces.
Es cuestión de tiempo: horas, días, semanas...
Meses, años... otras vidas. ¿Qué más da?
Mi intención junto a ti perdura
como las rocas milenarias ante la marea inclemente.
No es cuestión de elección, de paciencia,
de esperar, darme o reservarme.
Se trata de la verdad; de un lazo invisible
que nos ha atado desde un entonces muy antiguo.
Un espejo que te hace ver en tu rostro el mío,
un soplo submarino que me hace sentir
en mi cuerpo el tuyo.

Sobre todo blanca

La salvaje flor abatida por la lluvia,
extasiada, no asustada.
Crecida entre el musgo y el barro,
bella entre las plantas malas,
fortalecida por el viento adverso
jamás arrancada, jamás vencida.
Pequeñita en la tormenta,
desafiante ante sí misa,
casi ausente de su carcajada.
Traviesa en sus venas la savia,
lista para morir de cualquier muerte…
Blanca, sobre todo blanca.
Inconfundible entre la maleza,
el barro y las raíces adversas.

Ajena

Se abalanza,

como león en revancha, protector de su familia.

Quedo yo a media lucidez

descifrando los versos testigo

de la esquina de vida que me corresponde.

Ah, que no sabía cuánto duele ser hombre.

¡Si pudiéramos tan sólo comprender la pena!

El peso de una firma,

La condena de un sí.

La pena, la inevitable pena:

la conciencia de que, si es mía o ajena

es, carajos, la misma.

Gusanos

Hemos sucumbido y por eso nunca son muchos los amuletos;

hablamos en plural cuando nos referimos a los muertos

y hemos ignorado el gris que tirita en las retinas.

Nos levantamos cada día con una convicción escasa,

y salimos en busca de un motivo, con ganas de no regresar a casa.

A la tarde, sin embargo, aquello que llamamos familia

nos enciende una chispa de amor que nos obliga a volver.

De regreso, otra vez, con el cansancio en el ceño,

no podemos ajustar el cuerpo al final de la rutina.

No sabemos qué tememos: ¿la salida o el regreso?

¿Será acaso que hemos vivido sin quererlo?

La humanidad es un gusano que infecciona las heridas,

una larva que ha empezado a gozar el final de nuestra vida.

No percibimos el piso cuando andamos descalzos;

no escuchamos el llanto de quien nos habla cantando.

No nos importan los gritos de los que estamos matando,

no nos damos cuenta de la sangre que corre por nuestras manos.

Vamos encerrados en una experiencia rara e inútil

que nunca compartimos.

El castigo es tanto que no acabamos de nombrarlo.

hablamos tanto y nada decimos,

y así en minutos y en palabras,

en salidas y regresos,

con una furia honda y una pena de cangrejos

añoramos en secreto, que si morimos sea de viejos.

Mujer

Era sabia y bella la serpiente
que me dio la opción de descifrar quien era yo.
Saber el bien, saber el mal, y pertenecerme.
El árbol estaba ahí, a mi alcance.
El fruto dulce, casi puesto en mi mano mordí.
Él vino a mí y comió conmigo,
y luego dijo que yo lo induje. Cobarde.
Dios me condenó al dolor, me declaró culpable
y desde entonces soy mala.
Llevo por todas partes la marca de Caín,
-mi primer hijo-
la desesperación de las tribus de Babel.
El teatro continúa: yo pienso, él no.
Él me incrimina, yo cargo con la culpa.
Me han torturado por fea;
me han encerrado por hermosa.
Me han matado a piedras
y juzgado en los estadios.

He sido quemada en las hogueras

y mis hijos han sido llamados bastardos.

Participo con Dios en el milagro de la vida

mas se ha desestimado mi fuerza.

Observo, sí. Analizo y tengo ideas.

He descubierto las estrellas,

soy dueña de la tierra que habitamos.

Participo de la ciencia, elaboro mis teoremas.

He sido odiada y dejada al margen de la historia.

Se escandaliza el mundo cuando exijo mis derechos,

se sonrojan los puritanos cuando grito mi verdad.

Cuando me han dado el derecho a la voz

he debido dar la gracias.

pues tal dechado se supone un favor.

Cuando me han otorgado la libertad

he debido aceptar condiciones,

pues tal proceder es pura misericordia.

Tengo fe en la vida

Creo en la falta de muerte que ocupa hoy mi cuerpo.

Defiendo con todo lo que soy,

mi derecho a poseer este instante.

Aunque me pierda, aunque me queje,

aunque culpe, aunque lo niegue: tengo fe en la vida.

Si miento, no es por soberbia. Es miedo.

Si me escondo en el silencio, no es miedo. Es reflexión.

Si lloro es porque tengo fe en la vida.

Perverso

Me tirás el fruto y te alejás;

así me dejás con el pecado y con la culpa.

Vos a conciencia me tentás,

disfrutás de mi falta,

¡cómo te excita verme pecar!

Y luego, casi como un postre,

te sentás a juzgar toda mi maldad.

Perverso.

No necesito tu fruto, ni tu tentación,

ni tu goce, ni tu juicio…

ya tengo un espíritu

más grande que tus intenciones.

Tengo espacios secretos

que nunca te confiaré;

llevo a todas partes una letra escarlata

que prefiero

antes que la cursiva en oro de las mojigatas.

¿Adónde puedo escapar y encontrarme a mi antojo

con mi maldad y mi absolución?

Perverso,

porque has devengado felicidad de mi llanto,

y no entendés que su semilla

pudo ser felicidad para los dos.

Yo tengo mi espíritu, mi letra y mis espacios.

Vos, en cambio, me perdiste…

¡qué solo te has quedado!

Nunca te perdonarás

haberme asesinado antes de tiempo.

Los otros

Ellos no me entienden y eso me pone orgullosa.

Ellos me critican y eso me pone orgullosa.

Ellos me sacan a patadas y eso me pone orgullosa.

Ellos se persignan e invocan al Señor cuando saben de mí:

y eso me pone orgullosa.

Ellos me niegan el saludo y eso me pone orgullosa:

debo tener algún problema.

Fantasma

Ojalá me haya metido en su piel, penetrado su médula,

que mi aroma se haya impregnado en sus neuronas

y que ahora camine las lentas horas

sin saber qué hacer sin mí.

Presiento sus pasos erráticos, su sombra solitaria,

la lenta figura que sale de la casa

a recibir con los ojos cerrados su propio fantasma.

Es que la memoria fresca, se vuelve antigua con la distancia.

Ojalá que se le salga mi nombre sin querer,

que bese mis rastros en su cama,

que no sepa qué responder

cuando su perro lo interrogue con la mirada.

Ella

No la puedo destruir, no la puedo alimentar.

Es tan invencible como indefensible.

La dejaré ser. Que surja y mengüe,

que se avive de pronto y luego se quede dormida.

Que sea, tan real a pesar de sus mentiras.

Siempre arraigada en el futuro,

reordenando a su modo el pasado.

Evadiendo el presente

y habitándome como un demonio.

La dejaré ser, porque quizá tenga razón.

Porque a veces la historia se repite

y los sueños se vuelven realidad.

Ella, ella que me sigue porque un día yo la inventé;

ella que me acompaña

a veces como un arcoíris,

a veces como una carga.

A veces imperceptible...siempre sonido de mi eco.

Pendejos

Se disculpan por todo, porque se equivocan en todo.

No le abren la puerta a una dama,

pero sí la cierran

y hasta la echan a patadas.

Incapaces de valerse por sí mismos.

Mienten.

Se sienten inteligentes y hasta lo aparentan.

No saben lo que quieren,

se conforman con poco.

Son animales, y animales de costumbres.

Tienen miedo,

son inseguros.

Mienten.

Encima de sus limitaciones, son egoístas.

Tienen un encanto

que a final de cuentas era deficiencia.

Hay que repetirles lo mismo tres o cuatro veces;

nunca entienden la primera vez.

No consideran los sentimientos ajenos,

no saben que existen.

Su vanidad es infundada,

pues son miserables de corazón.

No saben la diferencia entre amar y sacar ventaja.

Si no hay de dónde sacar ventaja, no hay amor.

Mienten.

No son hábiles para hacer un plan,

Pésimos manipuladores, por eso coaccionan.

Carecen de talento y de iniciativa propia.

Mienten.

Quieren causar lástima: último recurso.

Es inevitable, en algún momento, verles tal como son.

Sinvergüenzas: donde deben, cobran.

Al menos han aprendido a pedir disculpas.

golpes

Ayer me golpeó otra vez.

Otro moretón en mi cuerpo interior,

ese que nadie ve.

Estos golpes en el alma

no se desvanecerán en dos o tres semanas…

La policía no me creerá.

Si lloro, la gente no entenderá.

Él me golpea todos los días:

por la cabeza, en el esternón,

en el vientre, por la espalda.

Él me lastima de cerca y de lejos,

en voz baja y a susurros.

A veces sin decir nada.

El doctor no me creerá.

Me estoy perdiendo, ¿dónde está mi yo?

Él me viola todos los días,

la ley dice que tiene derecho.

La ley no me creerá.

Anciana doliente (c)

Nunca fui más niña que entre tus manos,
gota a gota la infancia lloré sobre tu piel.
Mi alma gimiendo por la párvula garganta
alcanzó la inocencia de la luz y el ser.
No te aproximes a mí con los ojos carnívoros,
ni con la boca infame trates de acercar la mía;
con santidad grande haz de amarme,
pues la carne que te entregué era casta
y el amor, aún de anciana doliente,
no pudo en la vida ser más inocente
que el que aquella noche te di.
No vengas a mí con lujurias de la calle
con ganas llenas de intenciones vacías;
pues puros fueron los besos
que en un lecho impenitente te ofrecía,
inmaculados los brazos que bajo mi techo,
moribunda de divinidad, te extendí.

Tal hombre

No existe tal nombre, ni tal noche.
Sólo un vacío de partículas desafiantes
que pretendían ser algo.
No hay tal hombre, ni tal sujeto.
Sólo retorcidas formas de alguien
que quise ver.
Yo me creí la forma
y la abracé con el cuerpo,
sin trascender mi pensamiento necio
que todo aquello que abrazaba
era una nada del tiempo,
un polvo marchito que de aquí para allá
arrastra antojadizo el universo.
No hay tal voluntad,
ni tal plan, ni tal deseo.
La fantasía perenne con que llevamos el cuerpo
es un engaño alevoso, con sombra,
donde vale más la sombra que el cuerpo.

No contenderé

No contenderé con la sabiduría del tiempo

ni la tristeza presente

me convertirá en temporada de antes.

Renaceré como árbol cortado

cuya raíz se esfuerza contra la muerte.

Como hierba chorreada de concreto

que con fuerza se abre paso para,

con hojitas tiernas y valientes,

recibir el sol.

No le diré sí al no,

no me entregaré al instante inoportuno

ni al error que tanto me cuesta perdonarme.

Con calma flotaré sobre el océano de la vida

sin temer tiburones ni pirañas.

Ya no contenderé con la sabiduría del tiempo,

me daré al corazón auténtico de la araña,

al proceder inequívoco de la hormiga…

y viajaré entre sueños

adonde siempre he pertenecido.

Sangre y carne

Entraste en mi vida y te tenía miedo, te tenía celos.

Quería arrancarme el corazón y escupírtelo en la cara.

Pensé que me habías robado lo que más amaba,

me sonaba a burla toda la salvación que pavoneaste.

Me liquidaste con clavos y puntas,

perpetraste un daño sordo en mi sangre y en mi carne.

Beso  (c)

Te juro que no hay fuerza
más ingrata
que la que se desata
en las aguas rojas
de tu beso:
ni la del rencor sangriento,
ni la memoria falsa.
Es tu beso traicionero
el más potente veneno
que al instante se destraba.
Es un sable de plata
tan hermoso de verlo
que da gusto
sentirlo cómo mata.
Ni tu honestidad carnicera,
ni el recuerdo de lo que era,
ni sentirme tan esclava.
Otro más, que ya no importa.
Arráncame, eso sí,
con éste último el ama.

Lo desconocido

Las mareas sin manglares,
arrecifes con vida a mar abierto.
Simples telas de colores
recortadas según lo nuestro
para jugar a la familia,
a ser felices,
a conformarnos con placeres simples
que nos regalen una fantasía hueca,
porque más allá de la conciencia
lo desconocido da miedo.
No me gusta esta mentira:
bailo todo el tiempo,
títere de los ángeles frustrados.
Río todo el tiempo
lo que quisiera exorcizar llorando.

No hay espacio para la verdad:

ya no cabe ser yo misma,

no hay espacio, es mucho.

Es demasiado.

¡Tengo tanto qué ser!

¡Hay tanto, tanto qué hacer!

Y nada tiene que ver conmigo.

Me tropiezo en los pliegues de la alfombra,

descorro las persianas

para intentar ver la mañana,

escribo con tinta de mis venas

para regresar al cuerpo.

Escribo con urgencia para sostenerme,

para respirar.

Piedras

Mi corazón de agua de río
que llora a piedras.
Piedras llevadas contra corriente
a los lacrimales más castigados,
ante los testigos menos merecidos,
y la falta más ajena.

no habemus

He vuelto al cigarro,

a las madrugadas con las estrellas,

a la conversación en voz alta con mi sombra.

A la locura lúcida,

a la invocación de la luna,

a la inclemencia del demonio en el insomnio,

a la pastilla del desafecto,

al adormecimiento en la piel,

al reino del sufrir por dentro.

A la espina de antes,

a las brasas de aversiones que no son mías,

a la mentira puñal.

Al espacio de la almeja a la perla,

del disparo a la herida.

A la inmolación continua

con los huesos en carne

y las emociones sarnosas.

Al humo negro del no habemus,

a la tierra árida del no tenemus,

a las manos curtidas del no podemus.

He vuelto a la circunstancia de la derrota

donde el agravio arranca en pedazos la piel.

Otra vez en mis rodillas,

con las mejillas sucias

y la inspiración cercenada.

Pero todo pasa,
como la mañana y la tarde,
como la noche y los viernes,
las semanas y los meses;
como la vida.
Sé que volveré
a la tranquilidad del sueño.
A los brazos de quien me quiere,
al vientre fértil de madre con hijos.
Volveré a la bicicleta,
a la primavera que aún no he visto,
a reír la risa que el sino me ha guardado.
y germinarán de mis campos
girasoles altivos que voltearán por donde paso.
De mi horizonte sólo soles benditos
besarán mis tierras,
y quien me guarda cumplirá una por una
todas sus promesas.
Lo veré con mis ojos
así como lo veo con mi corazón quebrado,
sosteniendo un cigarro
con los pies descalzos
en esta tierra del no tenemus.

Mino-tauro

Anoche, en vela, me visitó el mino-tauro

cancerbero de mis temores

más remotos y escabrosos,

y no tuve miedo.

Se reía en mi cara,

atravesaba con sus ojos los míos

de párpados cerrados.

No temblé un segundo.

Sólo entendí que llevo un instante de humanidad

y un esfuerzo por sobrevivir sin objetivo

más que la vida en sí.

Que valgo lo mismo que la flor

o el arrecife,

que la lombriz o las galaxias.

Flores

Deseo la vida simple para descubrir lo simple;

no perderme en mi pensamiento.

Quiero que nadie repita las razones de mi muerte.

Horizontal con mis manos, eso quiero.

Estoy cansada y no tan triste,

con tanta conciencia que podría reventar el mundo.

Soy yo, así de simple;

en busca de mis manos; en busca de lo simple.

Viví a expensas de mis teorías,

sacudiendo los mismos árboles

y recogiendo las mismas frutas…

Yo me detengo aquí, aquí quiero estar.

No quiero que el rostro

se me detenga en un gesto triste

ni que las personas me llamen

por el nombre de mi tragedia.

Quiero que me determine mi alma

y que mi conciencia se exprese a través de las flores.

Él (c)

Presencia sin asustarse y cumple lo que no promete.

Sabe lo que quiere, a dónde va y lo que busca,

no depende de mí, pero me le hice indispensable.

No vuela desorientado entre cálices, besos o angustias.

Lleva un gavilán en su simiente y sabe volar solo.

Se queda en mi nido. Es su nido.

Me ama desde antes.

Venera lo que soy, lo vivido y lo sufrido.

La intención de irse la tiene para nunca.

Mancuernas y bisagras (c)

Ven a mí en una bandada del pasado
pero con criterio futuro;
sin miedo al vuelo, fuerte y seguro.
No te detengas en ninguna escala.
Ven a mí tan mañana como claro,
alto, extendido, completo,
como si la vida te hubiera otorgado el derecho.
Iré yo con mis mancuernas y mis bisagras
en la media luna del parpadeo;
torpe y temblorosa, como en los amores de infancia,
sin nombrar letra por letra mis anhelos…
y veremos cómo se escriben dos nombres sin tinta.

¿Amor eterno?

Hablemos del amor en términos humanos:
que si me querés, que si no te quiero;
que cuánto puedo dar, cuánto he de recibir, cuánto te debo.
No impongamos normas al firmamento,
ni nombremos estrellas
cuando se nos amplía el cielo en el desierto.
Hablemos de pan; de la risa de los niños.
Hablemos del milagro de haber hecho vida y merecerlos.
Hay quienes se niegan a ser crucificados;
hay quienes alcanzan el milagro.
Hablemos de amor, de pan, de techo y vestido.

negra silueta

Me gusta la personalidad del gato,

la mirada indiferente del coyote.

Aunque estoy enamorada de la luna,

me he enojado muchas veces con ella;

fue cuando comprendí por qué gime el coyote,

por qué aúlla el lobo.

¡Tan hermosa su negra silueta contra la luna llena!

¡Cuán hermoso es el dolor a veces

cuando se mira desde afuera!

Sólo el coyote conoce su llanto.

Sólo el gato sabe de su celo a media noche.

Sol (c)

Te había esperado con los rayos del sol secando mis llagas:

como un amanecer insistente a las puertas de la existencia.

te quise con el encanto de chiquilla

que quiere por querer, sin afán de ser correspondida.

Te seguí cual sombra, sin proferir queja

ni alegación, ni compañía,

y te dejé bajo la luna a punto de colapsar

detrás de la nube más negra,

sin importar las hojas del otoño

ni la inclemencia del invierno,

a pies descalzos y con el rostro alzado:

hombre,

te seguí queriendo.

Ahora en lejanía

cuando el memoria se confunde

y una inventa las partes que no recuerda;

traicionera la palabra que se apresura a remendar

los espacios vacíos con impresiones falsas;

cuando queda una en la ausencia que no es mala,

con el dolor de reconocerse, que es sano,

piensa una que no importa lo vivido o lo dolido.

La lluvia y el sol en su misericordia indiferente

nos besan a todos por igual:

al que maldice o agradece,

al que llora o es inmensamente feliz.

Te quería y te quiero,

hombre,

con un comportamiento sideral.

A pesar de la luz o de la oscuridad,

la tormenta o el desierto.

El sol es constante en su forma de amar.

Yo te quiero como el sol.

de la forma que el sol también te ha querido.

Peces

Ese susto.

Ese yunque entre el abdomen y las tripas

cuando se acaba la copa de vino

como añorando encontrar peces en el fondo.

El juego de todos los humos

en tropel de la esperanza.

No he vivido nada.

El instante es amplio y generoso.

Infinito.

Hay lágrimas que acarician la cara oculta del ojo,

y a pesar de las ganas de llorar

me gusta así la vida:

es perseverante y crea,

es impredecible y cambia.

Es generosa y se da,

es intensa y empuja.

Duerme niño (a la coalición)

Ha abatido el sol su duelo sobre la tierra,

y la tarde, por más que resistió, vino a vestirnos.

Empieza la hazaña de sombras

sobre contornos amados,

sobre contornos niños.

Ambarinos que se imponen convertidos en rayos

lloran su chorro entre densas ramas.

Mi consuelo es la finitud.

La limpia fidelidad de la muerte.

El horizonte abierto mío. Mío y de más nadie.

Percibo el grito que habita mi cuerpo,

el ojo insondable de la vida en mi entraña.

La entraña de ellos, que ahora son risa,

que ahora son casa.

Lo que imagino no existe, para mi dicha.

Lo que existe no lo entiendo, y es lo que soy.

Lloraré otros días por razones diferentes,

volveré a las mismas cuando éstas se agoten.

Regresaré con la palpitación de tinta irreverente

a teclear espíritus en mi líneas.

¡Es tan bello el cielo!

Ante la majestad del paisaje

mis quejas no tienen sentido.

Yo señalo, digo y decreto.

Yo pongo nombre.

Dueña de mi voz y mi alcance

he desperdiciado el paraíso:

Duerme niño, duerme niño…

duerme niño con mamá.

Castigo

He visitado los rincones más siniestros de mi existencia
sólo para probar el alcance de mi imaginación.
Voy cuesta arriba con un saco de piedras,
con una sonrisa mal puesta
y el castigo de la inspiración.
Llevo adentro una pena sin nombre
y por fuera una maravillosa obligación.

Pedazos de mí

No quiero que me sigas doliendo así,

como me dueles,

tan penitente y certero

como negro artificio de bruja.

Tengo que dejarte atrás.

Me voy a morir si no te dejo.

Tengo que cortar el lazo que nos une,

si no me arrastrarás contigo

al más inmisericorde de tus infiernos.

Sé que puedo olvidarte:

hoy decido huir.

Delante de Dios prometo

arrancarte y contigo dejar ir

los pedazos de mí

que tengas que llevarte.

Voy a ser valiente.

Hoy digo adiós y no lo hago sonriendo.

Y cuando quiera retroceder

me ayude el Señor a recordar

esto que hoy te prometo:

me voy;

me voy y no vuelvo.

Una

Algo muere al respirar,

este dolor en mi esqueleto,

la magnífica sensación de ver el cielo

con ojos muertos

y no alegrarse con el azul o con los sonidos.

Va el cuerpo como llorando

con pasos afligidos.

Los pies atados a una sombra cual lastre

que hay que arrastrar.

Y se pregunta una si de pronto, algún día

volverá a reír con honestidad.

El diálogo interno se reduce a un generoso silencio,

y los ojos ingenuos

buscan afuera lo que siempre ha estado adentro.

No se ve fácil el perdón.

Ni el perdón al otro ni a una misma.

No es rencor lo que queda,

sino un vacío lleno de jamás.

El futuro y el pasado, el ahora, este instante,

son minúsculas partes de un horror en marcha.

No termina de pasar… no pasa.

Y una se pregunta qué diablos

una ha de haber hecho tan, tan mal.

noche oscura del alma *(a mi padre pío)*

¿Quién me perdió en esta oscura noche del alma?
Algún ángel negro fastidiado de su huracán,
algún geniecillo innoble atrapado en su botella
de agua ardiente.
Se intercambian las cuerdas, hacen suertes con mi suerte.
Depende de su humor mi día, de sus arreglos; mi muerte.
Pobre marioneta embrollada:
¿Dónde habrán alojado el escondite que no acierto encontrar?
¿Con qué ajugas inyectan este azul frío de mis huesos nostálgicos
cada vez que su susurro me despierta de madrugada?
Un laberinto de libertad falsa, de elecciones – mentira.
Corro siempre a través de calles sin salida
que en paredones trepados por enredaderas de flores carnívoras
terminan.
Siempre escapo
hacia horrendos finales que convergen en mismos precipicios
de fuego y lava que arden por los siglos de los siglos,
amén.

CPSIA information can be obtained
at www.ICGtesting.com
Printed in the USA
LVHW071943201119
637824LV00006B/286/P